GW00871484

# Anatole
# et le
# Crocorafe

**EUROPEAN LANGUAGE INSTITUTE**

## Structures

**Les verbes**
être, avoir
le présent
la négation

**Les pronoms sujets**
je, tu, il, etc.

**L'interrogation**
Est-ce que tu as… ?
As-tu… ?
Tu as… ?

**La place des adjectifs**
Une belle maison
Une maison magnifique

**Les prépositions de lieu**
sur, sous, dans, etc.

## Vocabulaire

la maison
la nourriture
les couleurs

les animaux
les jouets

C'est l'histoire d'un petit lutin.

Il s'appelle Anatole.

Anatole a un ami.

Il s'appelle Gédéon.

Anatole et Gédéon habitent dans la forêt du Bois Joli.

*Regarde bien le dessin. Où est la maison d'Anatole ?*

1 la sonnette
2 la lampe
3 la porte d'entrée
4 le chapeau
5 le manteau
6 les bottes
7 la grenouille

8 le panier
9 la cheminée
10 le fauteuil
11 le tableau
12 le canapé
13 la chaise
14 la table

 PLAISIR de LIRE

« Je m'appelle
Anatole.

Je porte
un chapeau rouge,

une chemise à
carreaux rouges
et blancs,

un pantalon
vert foncé et

des bottes grises. »

« Je m'appelle Gédéon.
Je suis l'ami d'Anatole.
Je suis un oiseau. »

Anatole est dans la cuisine.

Il prépare des boulettes de viande pour le déjeuner.

Anatole et Gédéon adorent les boulettes de viande.

| | |
|---|---|
| **1** - les boulettes de viande | **6** - la cuillère à café |
| **2** - la marmite | **7** - la fourchette |
| **3** - les assiettes | **8** - la fourchette à dessert |
| **4** - le placard | **9** - la tasse |
| **5** - la cuillère à soupe | **10** - le pot à lait |
| | **11** - le sucrier |

Les boulettes de viande sont dans la marmite,
et la marmite est sur le poêle.
Anatole et Gédéon sont devant la maison.
Gédéon est assis sur le banc.
« Regarde, Anatole ! » dit Gédéon.
« Quel drôle d'animal ! »

PLAISIR *de* LIRE

« Bonjour, madame la girafe ! »,
dit Anatole en voyant le long cou de l'animal.
« Je ne suis pas une girafe ! » répond l'animal.

Anatole regarde la longue queue de l'animal.
« Bonjour, monsieur le crocodile ! » dit-il.

« Mais non ! Je ne suis pas un crocodile. »
répond l'animal.

« Eh bien, dit Anatole, quel animal es-tu ? »

« Je suis un crocorafe. » répond l'animal.

« Un crocorafe ? » dit Anatole.

« Oui, monsieur. Et j'ai faim ! » dit le crocorafe.

« Est-ce que vous avez quelque chose à manger pour un crocorafe affamé ? »

PLAISIR *de* LIRE

« Oh, bien sûr ! » dit Anatole.
« J'ai des biscottes et du lait. »

« Je déteste les biscottes et je n'aime pas le lait ! »
répond l'animal.

« Eh bien… est-ce que tu aimes la baguette et la
limonade ? » dit Anatole.

« Beurk ! Avez-vous des jouets ? »

« Tu manges des jouets ?! » demande Anatole très
étonné.

« Miam-miam ! » fait le crocorafe.

« J'adore les jouets. J'aime les petits trains, les poupées, les ours en peluche et les cordes à sauter. »

« Désolé, mon ami… mais je n'ai pas de jouets » dit Anatole.

PLAISIR *de* LIRE

« Oh, non ! » dit le crocorafe.
« J'ai faim ! Je veux manger. »

« J'ai une idée ! – dit Gédéon –
Il aime peut-être les boulettes de viande ? »
« Bien sûr, Gédéon ! » dit Anatole.
« Est-ce que tu aimes les balles de tennis,
Crocorafe ? Aujourd'hui, nous mangeons des balles
de tennis au déjeuner. »

« Des balles de tennis ? Miam-miam, c'est bon ! »
dit le crocorafe.

PLAISIR *de* LIRE

Un peu plus tard…

« Est-ce que je peux en manger une autre,
monsieur Anatole ? »
« Tu peux en manger dix si tu veux ! » dit Anatole.

Gédéon mange trois boulettes de viande.
Anatole mange sept boulettes de viande.
Et le crocorafe mange dix balles de… euh…
dix boulettes de viande !

Après le déjeuner, Gédéon, Anatole
et Crocorafe se reposent devant la maison.
Le crocorafe est très content.
« Ecoutez ma chanson ! » dit-il,
et il commence à chanter.

J'aime man - ger les pe - tits trains

Et les balles de ten - nis

Anatole a un nouvel ami.

Il s'appelle Crocorafe.

Crocorafe habite avec Anatole et Gédéon.

Il mange des boulettes… euh… des balles de tennis tous les jours !

Voici la maison d'Anatole.

Elle est jolie, n'est-ce pas ?

Observe bien la maison.

Combien d'objets vois-tu ?

# Les différences

*Observe bien la maison d'Anatole.*
*Il manque des objets. Lesquels ?*

La sonnette,

_____

_____

_____

_____

PLAISIR *de* LIRE

**L'arbre de Gédéon**

*Colorie les amis de Gédéon.*

Le numéro 1 est vert,

le numéro 2 est bleu,

le numéro 3 est noir,

le numéro 4 est jaune,

le numéro 5 est rouge,

le numéro 6 est orange,

le numéro 7 est marron.

**Où sont les oiseaux ?**

Complète
les phrases
avec :

| devant | sur | derrière |
|---|---|---|
| sur | sous | ~~dans~~ |

L'oiseau rouge est ........dans........ le nid.

L'oiseau marron est ........................ le nid.

L'oiseau jaune est ........................ l'arbre.

L'oiseau vert est ........................ la branche.

L'oiseau orange est ........................ le nid.

L'oiseau noir est ........................ l'arbre.

## Gédéon

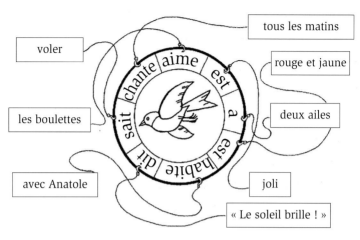

voler
tous les matins
rouge et jaune
les boulettes
deux ailes
avec Anatole
joli
« Le soleil brille ! »

*Suis les lignes et écris les phrases.*

Gédéon aime les boulettes.

_____

_____

_____

_____

_____

_____

# Mots croisés

1. Le nouvel ami d'Anatole s'appelle…
2. Les bottes d'Anatole sont…
3. Anatole est un petit…
4. Le crocorafe chante une …
5. Le crocorafe n'aime pas le…
6. Gédéon a deux…
7. Le crocorafe est un drôle d'…
8. Anatole et Gédéon ont un nouvel…
9. Le crocorafe mange dix…
10. L'ami d'Anatole s'appelle…

# Solutions

**Les différences:**
la sonnette, le manteau, la lampe, le panier, le tableau,
la grenouille, la chaise, la fenêtre.

**Où sont les oiseaux ?:**
dans - sous - devant - sur - sur - derrière

**Gédéon:**
Gédéon aime les boulettes
Gédéon est joli
Gédéon a deux ailes
Gédéon est rouge et jaune
Gédéon habite avec Anatole
Gédéon dit « Le soleil brille ! »
Gédéon sait voler
Gédéon chante tous les matins

**Mots croisés:**
1. Crocorafe, 2. grises, 3. lutin, 4. chanson, 5. lait, 6. ailes,
7. animal, 8. ami, 9. boulettes, 10. Gédéon.

© 1997 *ELI* s.r.l. - European Language Institute

Titre de l'édition originale : Spencer and the Crocoraffe
© Ernst Klett Verlag GmbH, Stuttgart,
République fédérale d'Allemagne, 1990
Textes : G. Gompf et R. Fromm
Version française : A. Choum
Illustrations : D. Gebhardt, H. J. Noack et H. Helmessen

ISBN 88-8148-231-2

Imprimé en Italie par Tecnostampa